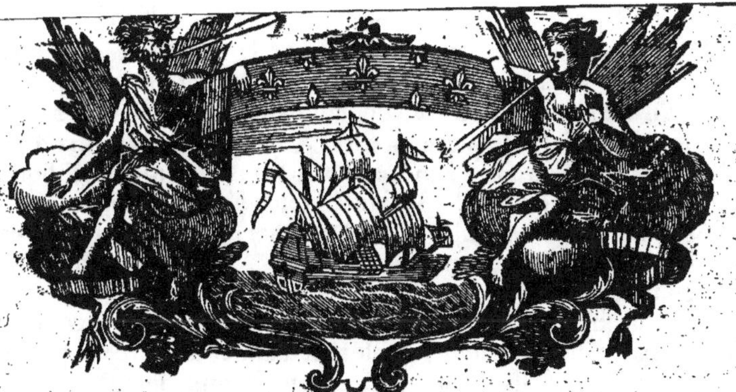

EXPLICATION
DU TABLEAU
PRESENTÉ A L'EGLISE
DE SAINTE GENEVIEVE,
PAR MESSIEURS LES PREVOST DES MARCHANDS
& Echevins de la Ville de Paris.

TOUT le monde se souvient encore de l'état où étoit réduit le peuple de Paris, & même de toute la France, au commencement de l'année 1694. La famine & les maladies causoient une désolation universelle, & pour surcroît de maux, la sécheresse devint si grande pendant les mois de Mars, d'Avril & de May, & endommagea tellement les biens de la terre, que l'on perdit toute espérance de la recolte. Dans cette extremité on eut recours à Sainte Geneviéve, refuge ordinaire des Parisiens, sa Chasse fut découverte, les Processions de toutes les Eglises de Paris & celles de la Campagne y vinrent faire leur Station. Messieurs les Prevôt des Marchands & Echevins s'y rendirent en cérémonie, & assistérent à une Messe solemnelle qui y fut celebrée Pontificalement par Monseigneur l'Archevêque de Paris, le 19. May veille de l'Ascension.

Mais la sécheresse qui continuoit, augmentant la misére publique, le peuple demanda qu'on eût recours au dernier remede, & que l'on fit la descente & la Procession de la Chasse. Le Parlement sur l'Ordre exprés qu'il en receut du Roy, en rendit l'Arrêt. Elle se fit le Jeudi 27. May avec la dévotion & le concours ordinaire en cette célébre cérémonie. Le Ciel ne put tenir contre tant de vœux redoublez, il se laissa fléchir, & accorda le jour même une pluye prompte & abondante, qui commença au moment que les précieuses Reliques de la Sainte rentrérent dans son Eglise.

Cette pluie redonna la vie à tous les biens de la terre, la récolte des bleds, des vins & de toutes fortes de fruits, fut fi belle, & pour la quantité & pour la qualité, qu'il ne s'en eft point vû de femblable depuis plufieurs années.

Le Roy toûjours plein de pieté en fut fi touché, qu'il ordonna à Monfeigneur l'Archevêque d'en faire rendre des actions de graces publiques dans toutes les Eglifes de Paris ; celle de fainte Geneviéve fe diftingua particulierement par une Meffe folemnelle & un *Te Deum* qui y fut chanté, où Meffieurs les Prevôt des Marchands & Echevins, & tout le Corps de Ville affiftérent en cérémonie.

Mais ils ne crurent pas devoir fe contenter d'une action de graces paffagere, un bienfait fi extraordinaire leur fembloit demander une preuve permanente de leur reconnoiffance, ils s'engagérent donc folemnellement de faire faire un Tableau qu'ils luy offriroient, & qui feroit un monument éternel des graces qu'ils avoient receuës du Ciel par fon entremife. Le fieur Largiliere, Peintre célébre par fes Ouvrages, en a conçu & exécuté le deffein d'une maniére tres-excellente & tres-ingenieufe.

Dans le bas du Tableau, Meffire Claude Bofc Prevôt des Marchands eft reprefenté à genoux fur un carreau, revétu de fa Soûtane rouge & de fa robe mi-partie rouge & violette ; vis-à-vis de luy font les quatre Echevins avec leurs robes mi-parties, le fieur Touffaint Bazin à genoux ayant à côté le fieur Claude Puylon debout ; entre deux paroît le fieur Charles Sainfray à genoux, & enfin le fieur Louis Baudran debout; enfuite font les fieurs Henry Herlau & Philippes Levêque Confeillers du Roy, Anciens Echevins & Quarteniers : Derriere le Prevôt des Marchands on voit à la droite le fieur Maximilien Titon Procureur du Roy de la Ville, un genoux en terre, fa robe eft entierement rouge, parce qu'il eft l'homme du Roy ; le fieur Martin Jean Mittantier Greffier eft à genoux à la gauche, il eft fuivi des fieurs Boucot Receveur, & Fournier Colonel des Trois Cens Archers, tous deux debout; le premier en fa robe de ceremonie, de même que le fieur Mittantier, & le fecond en habit ordinaire, ayant fon Bâton de Commandement à la main, une grande foule de peuple paroît dans l'éloignement : le Peintre s'y eft reprefenté lui-même, & c'eft celuy qu'on voit à côté du fieur Puylon. Un peu au deffus dans un nuage, Sainte Geneviéve eft reprefentée à genoux, les mains jointes, comme remerciant Dieu au nom de tout fon peuple, des bienfaits dont il l'a comblé; dans fon vifage plein de modeftie éclate la joie des Bien-heureux, mais que le Peintre a touchée fi délicatement, qu'on y lit tous les fentimens d'humilité, d'amour, & de reconnoiffance que demande l'action où il l'a reprefente. On voit vis-à-vis d'elle dans un nuage les Anges tutelaires de Paris & de la France prefts d'exécuter ce que les Prieres ardentes du peuple obtiendront du Ciel pour fon foulagement.

Enfin une lumiere celefte, vive expreffion de la gloire éternelle, termine le haut du Tableau, plufieurs Anges & Cherubins l'environnent, ils paroiffent tous occupez de la grandeur de Dieu, qui fait tout leur bonheur; l'amour & la charité, dont ils font pénétrez, éclatent fur leur vifage d'une maniére admirable.

Du milieu de cette gloire fortent deux rayons, l'un qui defcend fur fainte Geneviéve, & l'autre fur le Prevôt des Marchands, avec cette difference que celuy qui tombe fur la Sainte eft plus vif, & luy ajoûte un nouvel éclat, & que l'autre moins brillant n'eft que pour exprimer ce regard favorable que Dieu promet à ceux qui reconnoiffent fes bienfaits ; il peut être auffi confideré comme une affûrance que Dieu exaucera les vœux de la Ville, lorfque la Sainte les luy prefentera. Le Tableau a 17 p. de haut fur 14 de large.

La bordure n'eft pas moins myfterieufe qu'elle eft magnifique, elle eft toute dorée, les quatre coins & le milieu font ornez de fix efpeces de feftons compofez d'épics & de raifins, pour fymbole de l'abondance que la Sainte a obtenuë ; les Armes de France en font le couronnement, elles ont pour fupports deux cornes d'abondance.

Dans le foubaffement font les Armes de la Ville, accompagnées de celles des Prevôt des Marchands, Efchevins, & autres Officiers qui font reprefentez dans le Tableau ; on y voit une grande lame d'azur ondoiante, fur laquelle font écrits en lettres d'or ces mots tirez du Chapitre 5. de l'Epître de S. Jacques, v. 18. qui font l'ame du Tableau, & dont elles expriment tres-heureufement le fujet : *ORAVIT, ET CÆLUM DEDIT PLUVIAM, ET TERRA DEDIT FRUCTUM SUUM* ; c'eft-à-dire, ELLE A PRIE', LE CIEL A DONNE' UNE PLUIE ABONDANTE, ET LA TERRE A PRODUIT DU FRUIT ; ce font les paroles que S. Jacques dit au fujet du Prophéte Elie, qui dans une femblable occafion de fechereffe, avoit par fes Prieres obtenu une Pluie abondante.

Au deffous des Armes de la Ville font deux Tables de marbre, foûtenuës par une tefte de Cherubin qui termine la bordure du Tableau.

Sur ces marbres font écrits ces mots ; Sur l'un : *DU REGNE DE LOUIS XIV. ROY DE FRANCE ET DE NAVARRE, Meffire Claude Bofc Chevalier Seigneur d'Yvry fur Seine : Confeiller du Roy en fes Confeils, Procureur General de la Cour des Aydes, & Prevôt des Marchands de la Ville de Paris ; nobles hommes Touffaint Simon Bazin Confeiller du Roy en l'Hôtel de Ville ; Claude Puylon ancien Docteur de la Faculté de Medecine ; Charles Sainfray Confeiller du Roy, Notaire au Châtelet, & Quartenier ; & Louis Baudran Ecuyer, Subftitut de mondit fieur le Procureur General de la Cour des Aydes, Echevins, Maître Maximilien Titon Procureur du Roy & de la Ville, & Jean Martin Mittantier Greffier, & Nicolas Boucot Receveur, ont au nom de la Ville donné ce Tableau en reconnoiffance des fecours obtenus du Ciel par l'interceffion de SAINTE GENEVIEVE Patrone de Paris, en 1694.*

Et fur l'autre : *Depulfo, fœviffimæ fterilitatis metu, & impetrata precibus B. GENOVEFÆ, uberrima frugum copia.*

4

CL. BOSC Præf. Urbi, TUSS. BAZIN, CL. PUYLON,
CAR. SAINFRAY, LUD. BAUDRAN, Ædiles.

MAXIMIL. TITON Procurator Reg. & Urb. MART. MITANTIER Scr.
ET NICOLAUS BOUCOT, Quæst.

*Astantibus Consiliariis & Regionum Urbis Curatoribus cùm in hanc ædem
conveniffent,*

*Et facris operati, gratias Deo immortales totius Civitatis nomine egiffent, ad æternam
divini Beneficii memoriam hanc Tabulam poni curaverunt,*

Regn. LUDOVICO MAGNO IV. Id. Sept. A. R. S. H. M.DC.XCIV.

SONNET
A SAINTE GENEVIEVE
POUR
MESSIEURS DE L'HOSTEL DE VILLE DE PARIS,

LUY PRESENTANT UN TABLEAU.

PROTECTRICE des Lys, apuy de ta Patrie
Sainte que nous venons reverer à genoux,
Vierge qui fus toûjours prés de ton cher Epoux,
L'infaillible recours d'une Ville cherie.

Un peuple humble à tes piés à peine se recrie
Que d'un Dieu justement irrité contre nous
Tu sçais par ton credit desarmer le couroux,
Et nous fournir les biens dont la France est nourie.

Dans ce pieux Tableau témoin de tes bontez
Reçois, SAINTE, reçois sur nos vœux écoutez
Ce gage solennel de nos reconnoissances.

Mais s'il peint à nos yeux tes celestes faveurs
L'éternel souvenir de tes bienfaits immenses,
Est encor mieux gravé dans le fond de nos cœurs.

L. N.

Permis d'imprimer, ce 7. Aoust 1696.

A PARIS, De l'Imprimerie d'Antoine Lambin.

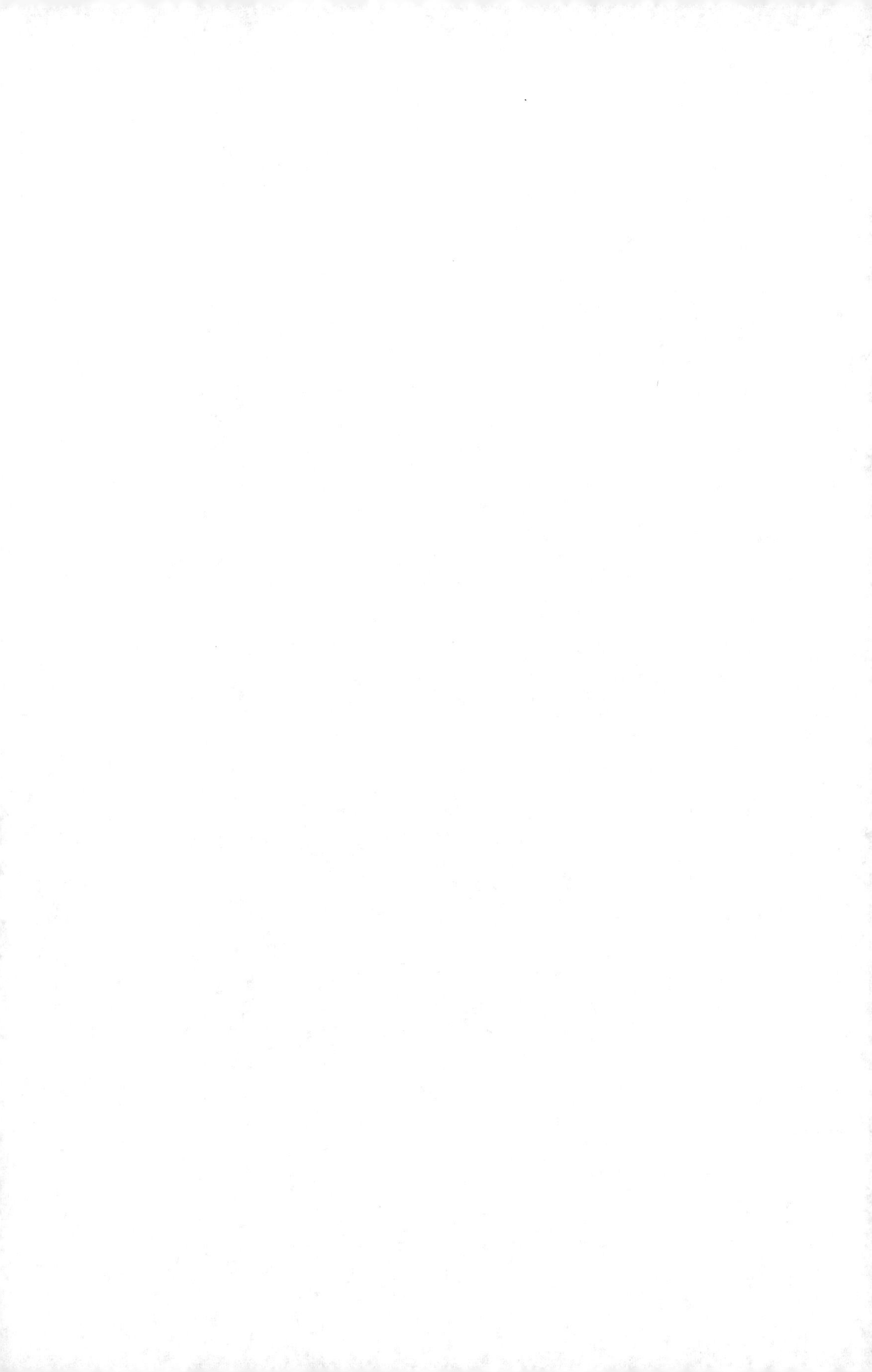

www.ingramcontent.com/pod-product-compliance
Lightning Source LLC
LaVergne TN
LVHW050230060726
842525LV00007B/2623

*9 7 8 2 0 1 9 3 1 5 9 4 8 *